BERLIOZ

EN VENTE CHEZ LE MÊME LIBRAIRE

CONFESSIONS DE MARION DELORME

PAR EUGÈNE DE MIRECOURT

60 livraisons à 25 centimes, avec gravures.
18 fr. l'ouvrage complet par la poste.

PARIS. — IMP. SIMON RAÇON ET COMP., RUE D'ERFURTH, 1.

HECT. BERLIOZ

Publié par C. HAVARD

LES CONTEMPORAINS

BERLIOZ

PAR

EUGÈNE DE MIRECOURT

PARIS
GUSTAVE HAVARD, ÉDITEUR
15, RUE GUÉNÉGAUD, 15
1856

L'Auteur et l'Éditeur se réservent le droit de traduction
et de reproduction à l'étranger.

CHRONIQUE DES CONTEMPORAINS

Les attaques niaises du critique vieillot des *Débats* et les pamphlets anonymes publiés contre nous par de lâches écrivains sont cause qu'on nous envoie, de tous les coins de la France, une quantité de lettres pleines d'expressions flatteuses et encourageantes.

Nous remercions ces amis dévoués de notre œuvre.

Les exigences du travail nous empêchent de répondre particulièrement à chacun d'eux; mais, leurs paroles nous font du bien; mais, dans la lutte que nous avons à soutenir, ce bienveillant et sympathique témoignage d'estime est une véritable force pour nous.

Tant que les cœurs honnêtes viendront ainsi à notre rencontre, nous serons parfaitement insensible aux injures de M. Janin, et les biographes du carrefour et de l'ombre peuvent continuer de répandre sur nous l'outrage.

Ils nous élèvent en se déshonorant. Leur haine est un piédestal.

Nous suivrons, un jour, le conseil de notre aimable lectrice de Nantes, et nous terminerons cette galerie contemporaine par une notice autobiographique loyale et consciencieuse, qui sera la meilleure réponse à faire aux mensonges de nos ennemis.

EUGÈNE DE MIRECOURT.

Paris, 3 août 1856.

BERLIOZ

« Notre devoir est d'affermir sur la tête du véritable artiste la couronne que des coteries malveillantes et jalouses essayent de briser.

Berlioz ne serait pas un grand musicien, qu'il faudrait, malgré tout, raconter sa vie pour donner au monde un magnifique exemple de courage et de persévérance.

Jamais homme ne rencontra plus d'obstacles sur sa route et n'eut contre lui de plus méchants vouloirs.

La presse, gagnée par ses ennemis, l'insulta, vingt années consécutives, sans trêve ni relâche; et cependant il n'a pas douté de lui-même : il a continué de marcher intrépidement au but, semblable à un athlète vigoureux que le nombre des lutteurs n'épouvante pas, et qui, tôt ou tard, est sûr de vaincre.

Hector Berlioz naquit le 11 novembre 1803 à la Côte-Saint-André, petite ville du département de l'Isère.

Son enfance fut bercée par les enseignements pieux et par les aspirations chrétiennes.

Dans certains articles donnés aux feuilles musicales, l'auteur de *Roméo et Juliette*, nous apprend qu'il fit sa première communion à la chapelle d'un couvent où sa sœur était pensionnaire.

Il a toujours conservé, depuis, l'ineffaçable souvenir de cette solennité religieuse.

Comme il approchait de la table sainte, des voix de jeunes filles, au timbre éclatant et pur, entonnèrent un hymne à l'Eucharistie. Le communiant crut voir le ciel s'ouvrir et les anges descendre sur l'autel.

Dès ce jour, la puissance de la musique lui fut révélée; sa vocation devint irrésistible.

Le père de notre héros, qui exerçait la médecine, avait décidé qu'Hector hérite-

rait de sa clientèle. Il se chargea lui-même
de l'éducation de notre adolescent; mais
celui-ci professait pour le latin la plus
grande indifférence, et volontiers il eût
jeté son livre au feu, lorsqu'il s'agissait
d'apprendre les vers de Virgile, d'Horace
ou d'Ovide.

S'il n'aimait pas les poëtes latins, en
revanche il avait pour les œuvres de Mille-
voye une prédilection toute particulière et
lisait en cachette les pastorales de Florian.

Ces deux auteurs développèrent en lui
le sentiment tendre.

Hector eut une passion sérieuse entre
sa douzième et sa treizième année.

Il allait avec sa mère et ses sœurs, à
l'époque des vacances, passer quelques se-

maines chez son grand-père, dans un petit village aux environs de Grenoble.

Tout près du domicile de l'aïeul se trouvait la maison de plaisance d'une vieille dame noble qui avait deux nièces fort jolies. L'une de ces nièces, appelée Estelle, éclipsait l'image de la bergère de Florian. Elle avait un œil noir adorable et portait des brodequins roses.

Œil et brodequins tournent aussitôt la tête à Hector.

Voilà notre héros amoureux, bien avant l'heure où il est permis de l'être. Il en perd l'appétit et le sommeil.

Cette passion précoce est devinée par l'espiègle déesse qui la cause.

Elle s'en amuse au possible.

Dans les bals champêtres, la plus grande joie de mademoiselle Estelle est de valser avec un oncle d'Hector, beau soldat de vingt-quatre ans, en congé de semestre, et d'examiner, pendant les repos de la valse, le visage déconfit, boudeur et jaloux, du pauvre Némorin.

Les vacances furent courtes ; mais le souvenir de la coquette aux brodequins roses trotta longtemps dans la cervelle d'Hector.

Tout dénotait en lui une sensibilité profonde, à laquelle sa musique a dû plus tard le caractère expressif et passionné qui la distingue.

En même temps que le docteur Berlioz

enseignait à son fils le latin, l'histoire et un peu d'algèbre, il lui permettait, comme distraction, d'étudier le solfége; et bientôt le jeune homme sut lire à première vue les doubles croches les plus compliquées.

De la musique vocale, il passa successivement à l'étude du flageolet, de la flûte et de la guitare.

Le docteur lui interdit expressément le piano[1], car ses premières complaisances avaient eu des résultats déplorables.

Hector négligeait complétement ses livres classiques et pâlissait nuit et jour sur un *Traité d'harmonie* tombé par hasard entre ses mains.

[1] Jamais, par la suite, Berlioz n'apprit cet instrument.

M. Berlioz père apprit avec stupeur que le jeune malheureux avait fait hommage au cercle philharmonique de sa ville natale d'un quintetto pour flûte, pour deux violons, pour alto et pour basse, lequel venait d'être exécuté triomphalement en présence de cinq cents personnes.

Grand scandale au logis.

Notre virtuose inattendu se voit sermonné sur toute la ligne. On lui donne l'ordre formel de se livrer exclusivement aux études médicales; et l'on décore sa chambre de gravures d'écorchés, de plusieurs squelettes et d'un crâne de premier choix.

En même temps le docteur lui met sous

les yeux un magnifique in-folio, avec planches d'anatomie.

Hector fait mine de se soumettre; mais, au bout de quinze jours, il n'a pas lu une seule page de l'in-folio.

Devant une obstination si prononcée le pouvoir paternel reconnaît son impuissance.

M. Berlioz père a recours à des manœuvres séductrices.

Il promet au jeune homme une superbe guitare et une flûte à clefs d'argent, s'il veut obéir et recevoir les premières notions de l'art d'Hippocrate.

On lui donne en même temps un de ses cousins pour compagnon d'étude.

Mais ce cousin joue du violon. Pendant que M. Berlioz visite ses malades, les jeunes gens exécutent des duos et n'ouvrent pas le moindre traité d'ostéologie.

Quand vient l'heure des leçons, Hector est trouvé d'une faiblesse désespérante.

A l'âge de dix-neuf ans, on l'envoie à Paris, toujours accompagné de son cousin, pour y suivre les cours de l'École de médecine.

La vue de la Clinique ne lui offre rien qui le flatte.

Ces cadavres étalés sur les tables de dissection, ces lambeaux, ces tronçons épars, cette pourriture humaine qu'il faut interroger de l'œil et fouiller du scalpel, tout le révolte et le glace d'horreur.

Il jure que jamais ses pieds ne le ramèneront dans cet abominable lieu.

Son cousin néanmoins le détermine à tenter une seconde épreuve, et il finit par s'aguerrir au spectacle des cadavres. Le célèbre Amussat, son professeur, parvient même à lui faire prendre quelque intérêt aux démonstrations anatomiques.

Mais un soir Hector franchit le seuil de l'Opéra. Tout est perdu.

Les *Danaïdes* de Salieri le plongent dans l'extase. Il retourne une seconde et une troisième fois voir la pièce, abandonne la Clinique, et passe toutes ses journées à la bibliothèque du Conservatoire, où il copie les partitions de Gluck et d'Haydn.

Puis il écrit à la Côte-Saint-André que

sa résolution d'être musicien ne pliera devant aucun obstacle.

Un jeune professeur suppléant au Conservatoire applaudit à ses premiers essais dans l'art du contre-point, lui donne des conseils, et le fait admettre au nombre des élèves particuliers de Lesueur.

Ce maître illustre découvre chez le nouveau venu des qualités rares.

Impatient de faire de la grande musique, Hector, sans plus tarder, se décide à composer un opéra. Mais où trouvera-t-il un livret? Il se hasarde à le demander au bonhomme Andrieux, dont il suit, à ses heures perdues, le cours de littérature.

Dans une lettre, très-courtoise d'ailleurs, le père d'*Anaximandre* lui répond qu'il est trop vieux pour écrire des vers d'amour, et qu'il ne faut pas songer à sa collaboration.

Le sujet d'opéra dont Hector a fait choix est *Estelle et Némorin*.

Son cœur n'est pas encore entièrement dégagé du souvenir de la coquette aux brodequins roses.

À tout hasard, il confie la rédaction du livret à un de ses camarades; puis il s'abandonne au feu de la composition. Les paroles sont grotesques et la musique est absurde.

Hector ne se décourage pas. Il écrit une messe.

Un maître de chapelle, qui protége ses

débuts, la fait aussitôt copier par des enfants de chœur.

Le jour de la répétition arrive : les parties sont criblées de fautes, et il en résulte une cacophonie à rendre les chats épileptiques.

Berlioz recopie lui-même sa messe tout entière. Un jeune amateur, très-riche et très-libéral, M. Pons, lui prête douze cents francs pour la faire exécuter à l'église Saint-Roch. Tous les journaux parlent de l'œuvre avec éloge. Lesueur, enchanté du succès de son élève, le fait admettre au concours annuel de composition musicale.

Mais, soit qu'il eût travaillé trop vite, soit que Cherubini, directeur du Conservatoire, se fût appliqué à le desservir¹, il échoua complétement et fut mis hors de concours dès la première épreuve.

Sa famille, informée de cet échec, lui retire brusquement sa pension, et le somme de quitter sur l'heure Paris et le Conservatoire.

Hector répond qu'il est affligé de ne pouvoir se soumettre.

Il se résigne toutefois à prendre le

¹ Cherubini détestait Berlioz. Celui-ci avait eu l'imprudence, non-seulement d'enfreindre un ordre qui interdisait aux garçons d'entrer par la même porte que les filles, mais encore de se moquer du directeur, qui l'avait surpris en flagrant délit de désobéissance. — « Zé vous férai prendre et zé vous férai zeter en prison ! » lui cria Cherubini. Le vieux maestro ne laissa pas échapper, à dater de ce jour, une seule occasion de lui être désagréable.

chemin de l'Isère, afin d'aller plaider sa cause.

— Puisque la médecine te déplaît, lui dit le docteur, fais choix d'une autre profession. Je ne consentirai jamais à te laisser poursuivre la carrière musicale.

Notre héros proteste qu'il ne fera, de sa vie, autre chose.

Après quelques jours de lutte, son vieux père se laisse fléchir; mais sa mère et sa tante se montrent beaucoup plus intraitables. Elles ne comprennent pas, dans leurs idées chrétiennes, qu'Hector s'obstine à vouloir composer des opéras.

— Mais croyez-vous donc, leur dit celui-ci, que les vauriens seuls travaillent pour le théâtre? Les plus beaux génies du

grand siècle, Molière, Corneille et Racine,
consacraient leurs chefs-d'œuvre à la scène.
Haydn, Spontini, Mozart et bien d'autres
ont suivi leur exemple. Seriez-vous fâchées
de me voir, un jour, au nombre des compositeurs illustres que l'Europe admire?

— Mon ami, interrompt la tante, j'aime
mieux que l'on soit considéré. Cela passe
avant tout.

Rien ne peut les convaincre.

Hector, la veille de son départ, voit sa
mère entrer dans sa chambre. La pauvre
femme se jette suppliante à ses genoux,
fond en pleurs, et le conjure de ne pas la
déshonorer.

— Oh! tu restes, n'est-ce pas? tu restes?
murmure-t-elle au milieu de ses sanglots.

— Hélas! ma mère, c'est impossible!
répond le jeune homme, sanglotant lui-
même.

Il la relève et veut essayer encore de
dissiper ses préventions; mais elle le quitte
presque folle, en s'écriant :

— Tu n'es plus mon fils! je te mau-
dis!

Même à l'heure des adieux, elle ne con-
sent pas à le revoir et à l'embrasser.

De retour à Paris, Hector se rappela
qu'il avait contracté envers M. Pons une
dette de douze cents francs pour l'exécution de sa messe. La faible pension qu'il
recevait de son père ne lui permettait pas
de rembourser une somme aussi considé-
rable; mais il y arriva par d'autres moyens:

il donna des leçons de flûte et de guitare, loua une mansarde de quinze francs par mois, dépensa huit sous au plus à chaque repas, et parvint à rembourser six cents francs en moins de quatre mois.

Le docteur Berlioz apprit ce tour de force de probité.

Sa logique paternelle ne vit rien de mieux que de payer à M. Pons le reste de la somme, et de ne plus servir la pension d'Hector jusqu'à complet remboursement de cette avance. Il s'imaginait ainsi le contraindre à revenir à la Côte-Saint-André.

Notre jeune virtuose devina le piége, et redoubla de courage.

Il dépensa moins encore pour sa nourriture, donna plus de leçons, et réussit à vivre à Paris sans la subvention de sa famille.

Un versificateur de talent lui apporte un jour un libretto, sous ce titre, les *Francs-Juges*.

Berlioz trouve le sujet très-poétique. Il se met à l'œuvre et compose la partition avec enthousiasme et rapidité. Malheureusement l'Académie royale de musique repousse le poëme. Son travail est perdu.

L'ouverture des *Francs-Juges* a été conservée. C'est un chef-d'œuvre.

Comme si les génies de la ruine et du malheur avaient entendu l'imprudente malédiction de sa mère et prenaient à tâche de l'exécuter, mille entraves surgissent devant le jeune homme et lui bouchent obstinément le chemin.

Son professeur apprend qu'il n'a pas même pu obtenir une salle pour l'exécution d'un morceau qui doit le consoler du désappointement des *Francs-Juges*.

— Est-il possible, s'écrie Lesueur, qu'on refuse une aussi simple complaisance ?

— Mon cher, riposte un musicien *arrivé*, si nous laissions les jeunes gens se produire, que deviendrions-nous ?

Les leçons de flûte et de guitare diminuent. Berlioz tombe dans la misère.

On engage une troupe d'orchestre pour le théâtre de New-York ; il demande inutilement à partir avec cette troupe en qualité de flûtiste. La direction des Nouveautés, à laquelle on le recommande, lui répond que ses musiciens sont au grand complet.

Toutes les portes se ferment en même temps.

De désespoir, Hector sollicite une place de choriste.

Il l'emporte, au concours, sur un chantre d'église, un menuisier, un forgeron et un tisserand.

Le destin semble lui donner quelque relâche. Des leçons nouvelles arrivent. Notre héros se loge et se nourrit à peu de frais, grâce à un de ses compatriotes, étudiant pharmacien, qui lui donne moitié de sa chambre, et lui prépare, sur l'appareil même de distillation, certaines panades succulentes et économiques.

Les deux amis peuvent se permettre, une fois la semaine, d'aller à l'Opéra.

Berlioz, qui sait par cœur toutes les grandes partitions, n'entend pas qu'on y change rien. Plusieurs fois la représentation est troublée par ses exigences de respect fanatique pour l'œuvre des maîtres.

— Je vous trouve bien audacieux de supprimer les cymbales ! dit-il un soir, d'une voix menaçante, en se levant et en montrant le poing à l'orchestre.

Les spectateurs sont émus de l'apostrophe.

Dix minutes plus tard, Hector entend ces malheureuses cymbales dans un autre passage où le compositeur ne les avait point introduites.

Cette fois il monte sur la banquette, gesticule avec rage et crie de toute la force de ses poumons :

— A bas les cymbales ! Jamais il n'y a eu de cymbales dans ce morceau !

Pour le coup l'interrupteur est empoigné par les sergents de ville et mis à la porte sans autre forme de procès.

Mais, à quelques jours de là, il fut plus heureux.

— Eh bien, qu'est-ce que cela signifie ? vous passez quelque chose ! dit-il, apostrophant encore les musiciens. Il y a un solo!... Voyez la partition!

— Oui, oui, le solo! s'exclame tout d'une voix le parterre.

Mais les exécutants s'obstinent et ne le donnent pas.

Quatre-vingts spectateurs furibonds, Berlioz en tête, escaladent l'orchestre. Tous les musiciens prennent la fuite, la toile tombe, et les instruments sont brisés ou crevés.

Voici un fait moins tragique.

C'était à une représentation d'*Antigone*. Un monsieur, placé près d'Hector, accompagnait chaque phrase musicale de monologues admiratifs, sans tenir compte des reproches et des plaintes de ses voisins.

Au même instant, Berlioz, sous le coup d'un accès de sensibilité nerveuse causé par les mêmes effets d'orchestre, se cache la tête dans son mouchoir et verse des larmes.

Le personnage aux monologues s'aperçoit de l'émotion du jeune homme, se lève, le presse contre son cœur, et l'embrasse en criant :

— Vous comprenez donc la musique, vous !... A la bonne heure !... pleurons, monsieur, pleurons !

Et tous les voisins de rire.

Vers cette époque, la troupe des acteurs anglais vint donner quelques représentations à Paris. La sensibilité de Berlioz éclata bientôt d'une façon plus dangereuse, en ce que l'art musical n'y était pour rien : il tomba passionnément amoureux de miss Henriette Smithson, la charmante Ophélie d'*Hamlet*.

Cette passion offrit tout d'abord un caractère étrange.

Pour fuir le diable érotique dont il était possédé, l'ancien amoureux d'Estelle quittait la ville et courait les champs.

Le soir venu, parfois il se trouvait à cinq ou six lieues de Paris.

Alors il s'étendait au fond d'une carrière ou sur un tas de gerbes, mais sans pouvoir goûter une seule minute de repos. Sa passion le ramena, vaincu, au théâtre où jouait son idole.

Il n'avait plus qu'une pensée, qu'un désir : attirer le regard de miss Henriette et lui faire partager sa flamme.

D'abord il imagina de donner un concert, exclusivement composé de ses œuvres, savoir : l'ouverture des *Francs-Juges*, celle de *Wawerley*, une *Scène héroïque grecque* et la *Mort d'Orphée*.

Tout est prêt pour l'exécution, quand l'inflexible Cherubini refuse la salle du Conservatoire.

Le surintendant des beaux-arts intervient. Notre héros a la salle, en dépit du

directeur; mais, ô perfidie ! les exécutants
font défaut, le chef d'orchestre est cor-
rompu; la musique, impitoyablement
écorchée, force l'auditoire à une désertion
soudaine, et, si miss Henriette entend prononcer le nom d'Hector, c'est pour apprendre en même temps la nouvelle d'un
four complet [1].

Berlioz lui écrit lettres sur lettres.

Par malheur, le style trop brûlant de

---

[1] Quand les hommes ne s'appliquaient pas à empê-
cher le succès de Berlioz, les éléments se mettaient
contre lui. Un jour, il composé une fantaisie dramati-
que sur la *Tempête* de Shakspeare: L'Opéra lui prête
son orchestre pour l'exécution; mais, au moment où
le public arrive, une pluie torrentielle transforme en
lac toutes les rues de Paris. Il n'y a pas cent personnes dans la salle, et les musiciens jouent devant les
banquettes.

ces folles épîtres épouvante la divinité.

Mademoiselle Smithson intime à sa femme de chambre l'ordre exprès de refuser toutes les missives du même genre, qui pourraient se présenter encore:

C'était à se briser la tête au mur.

Le jeune virtuose, après des efforts surhumains, arrive à donner un deuxième concert au théâtre même où la barbare comédienne se fait applaudir. Leur nom se trouve le même jour sur l'affiche, et, cette fois, l'exécution musicale est brillante. Hector obtient un succès incontestable.

Hélas! Ophélie ne semble ni touchée, ni même informée de la chose! Le lendemain elle quitte Paris, et son amoureux la voit monter en chaise de poste.

Il est impossible au triste jeune homme de se remettre au travail.

Ses tortures vont le perdre à tout jamais comme talent et comme avenir, lorsqu'une circonstance aussi bizarre qu'inattendue donne le change à sa douleur et retrempe les ressorts de son courage.

Un pianiste allemand lui signale une actrice du boulevard dont la ressemblance avec miss Henriette est miraculeuse.

Notre héros voit cette femme.

L'illusion s'en mêle, et la compatissante actrice prend un intérêt fort tendre à Hector, jeune et près de succomber à une peine de cœur.

Des rendez-vous se proposent, et voilà notre homme lancé dans un amour en effigie.

On lui rend le goût du travail, ou ranime ses espérances de gloire. Bientôt il remporte la première couronne au faubourg Poissonnière pour sa cantate de la *Mort de Sardanapale*[1].

Mais c'est trop de bonheur à la fois.

La chance funeste lui prouve qu'elle ne

---

[1] En même temps il recevait les éloges des amateurs pour avoir mis en musique les morceaux versifiés de la traduction de *Faust*, par Gérard de Nerval.

l'a point abandonné, ou plutôt ses ennemis du Conservatoire cherchent par tous les moyens possibles à nuire à la cantate victorieuse.

Au moment où on l'exécute, après la distribution des prix, nombre de cahiers passent d'un pupitre sur l'autre; les parties se confondent, et le plus affreux désaccord se met dans l'orchestre.

Berlioz, les cheveux horripilés, prend la fuite. Le scandale est au comble.

Huit jours après, grâce à une active surveillance, on paralysa toute manœuvre jalouse, et la cantate obtint le succès dont elle était digne.

En même temps Hector fit jouer la *Symphonie fantastique*, œuvre qui n'eut pas l'approbation des musiciens orthodoxes, mais qui plongea les esprits hardis dans le ravissement.

Ses palmes au Conservatoire l'appelaient en Italie.

Bon gré, malgré, notre amoureux quitte l'aimable doublure de miss Henriette. On échange des promesses d'éternelle constance ; mais, à peine Hector a-t-il franchi les Alpes et montré son brevet d'admission à Horace Vernet, directeur de l'Académie française à Rome, qu'une lettre insolente vient le confondre.

La mère de son actrice lui annonce le mariage de sa fille, et lui reproche d'avoir *failli* déshonorer celle-ci en la séduisant.

Jugez du courroux d'Hector.

Prenant aussitôt la résolution d'égorger la parjure, sa mère, et le mari qui a l'audace d'être son successeur, il achète trois pistolets pour ses victimes et un quatrième pour lui, car, décemment, il ne peut survivre à ce triple meurtre.

A tout hasard, il se munit de poisons violents, au cas où le pistolet dont la charge lui est destinée viendrait à pécher par la capsule.

Mais comment pénétrera-t-il dans la maison de son infidèle?

Rien de plus simple. Il fait l'acquisition d'un costume de femme au grand complet : châle, robe et chapeau, sans oublier les bottines, et prend le chemin de la France.

Au moment de s'embarquer à Gênes, il s'arrête vingt-quatre heures pour corriger la *Symphonie fantastique*, et laisser au moins sans défaut de style une composition qu'il regarde comme son chef-d'œuvre.

En travaillant, Berlioz songe à tout ce qu'il pourrait produire encore, et pleure d'avance sa gloire perdue.

Ce regret amène un ralentissement dans sa fougue homicide.

Il est déjà désarmé, quand tout à coup un nouvel accès vient le saisir. Oubliant qu'il doit tuer les autres, et ne s'en prenant plus qu'à lui-même, il se jette à la mer.

Des matelots le repêchent et le ramènent au rivage.

Honteux de son désespoir, il écrit, le lendemain, à Horace Vernet la lettre suivante, qui fait partie de la collection de feu le baron de Trémont :

« Monsieur,

« . . . .

« . . . . . . *Un crime hideux, un abus de confiance* dont j'ai été pris pour victime, m'a fait délirer de rage depuis Florence jusqu'ici. Je volais en France pour tirer la plus juste et la plus terrible des vengeances. A Gênes, un instant de vertige, la plus inconcevable faiblesse, a brisé ma volonté. Je me suis abandonné au désespoir d'un enfant ; mais enfin *j'en ai été quitte pour boire l'eau salée,* être harponné comme un saumon, demeurer un quart d'heure étendu mort au soleil, et avoir des vomissements violents pendant une heure. Je ne sais qui m'a retiré ; on m'a cru tombé par accident des remparts de la ville. Mais enfin je vis, je dois vivre pour deux sœurs dont j'aurais causé la mort par la mienne, et vivre pour mon art[1].

« Hector Berlioz.

« Diana-Marina, 18 avril 1831. »

[1] La lettre a deux pages in-quarto. Nous ne la citerons pas tout entière.

Guéri de son amour en effigie, notre héros, dont le cœur ne peut rester vide, se reprend à adorer l'idole primitive, et le souvenir de miss Henriette Smithson l'agite pendant tout le temps de son séjour à Rome, où il est revenu continuer ses études.

Deux années après, en regagnant Paris, son premier soin est de louer un appartement en face de la maison occupée autrefois par la trop séduisante interprète de Shakspeare.

Il s'informe d'elle...

O bonheur! ô joie sans égale! Miss Henriette est de retour en France, et va prendre elle-même la direction du théâtre anglais.

Berlioz prépare un concert où la *Symphonie fantastique* doit reparaître avec tous les compléments ajoutés en Italie. Avant ce jour solennel il ne veut pas revoir sa chère idole. On lui promet de l'amener au Conservatoire.

Effectivement, Ophélie se trouve au nombre des spectateurs.

Notre charmante Anglaise reconnaît son amoureux, dont la musique est énergiquement applaudie par une foule enthousiaste.

Dans les cris de douleur et d'amour de l'orchestre, elle comprend enfin la passion profonde qu'elle inspire. Les paroles du *mélologue*, récitées par Bocage, ne lui laissent aucun doute : c'est bien elle qui est dépeinte dans chaque vers ; c'est à la conquête de son cœur que marchent toutes ces notes harmonieuses.

Elle s'émeut ; des larmes mouillent ses joues, et, le lendemain, elle permet qu'on lui présente Berlioz.

Mais, hélas ! les tribulations de celui-ci ne sont pas à leur terme.

Sa famille et les parents de mademoiselle Smithson s'opposent à un mariage. Des anxiétés sans nombre tourmentent leur affection. Pour comble de découragement, le théâtre anglais ne fait plus de recettes et la directrice se ruine.

Enfin l'hyménée se conclut dans les derniers mois de 1833.

Quelques jours après ses noces, Henriette

se casse la jambe. Le malheur impitoyable les poursuit sans relâche, de toutes les manières, sous toutes les formes.

Berlioz est sublime d'amour, de courage et de dévouement.

Sa femme lui apporte en dot des sommes considérables à payer. Le jour de son mariage, il n'a pas cent écus à sa disposition; mais, en multipliant les concerts, il parvient à donner aux créanciers des à-compte et à leur faire prendre patience.

Il compose *Harold en Italie*, nouvelle œuvre qui lui attire de chaleureux éloges et des partisans illustres, entre autres Paganini.

Le suffrage du grand violoniste, proclamé hautement, entraîne les esprits timides. On accepte définitivement Berlioz.

M. de Gasparin, alors ministre, lui commande une messe de *Requiem*.

Halévy, Cherubini et consorts travaillent à le desservir; mais ils en sont pour la honte de leurs tentatives. La messe est exécutée à la chapelle des Invalides, à l'occasion du service mortuaire célébré en mémoire du général Damrémont et des soldats qui périrent à la prise de Constantine.

En sortant de la cérémonie funèbre, le maréchal Lobau s'écria :

— Mon Dieu, que ce Berlioz a donc de talent! Ce que je trouve de plus admirable dans sa musique, ce sont les tambours!

L'honorable guerrier ne plaisantait pas. Chez lui l'enthousiasme était sincère, et l'appréciation se trouvait juste au niveau de son intelligence artistique.

A cette messe des Invalides, peu s'en fallut que notre musicien ne fût victime d'une abominable méchanceté d'Habeneck.

Le *Tuba mirum*, passage grandiose et d'un effet prodigieux, exigeait de la part du chef d'orchestre, sous peine d'une infaillible déroute, un redoublement de vigilance et d'énergie.

Le perfide Habeneck, arrivé là, pose tranquillement son bâton de mesure et prend une prise.

Déjà l'auteur de la messe avait quelque méfiance. Il comprend le péril, se jette sur le bâton, dirige lui-même l'orchestre et sauve le *Tuba mirum* du naufrage.

Une fois l'œuvre exécutée, d'autres inquiétudes le poursuivent.

Aux Beaux-Arts on refuse de lui en payer le prix.

M. Cavé lui offre le ruban rouge comme équivalent de la somme de mille écus promise, et dont Berlioz doit la plus grande partie à ses musiciens. Il envoie paître M. Cavé, menace le ministère d'un scandale, et touche enfin les mille écus, que d'autres eussent volontiers mis en poche.

Il faut juger le héros de cette notice non-seulement comme compositeur, mais comme écrivain.

Nous le voyons rédiger d'abord le feuilleton de la *Gazette musicale*, puis celui du *Correspondant*.

Ses comptes rendus des grandes œuvres

et ses jugements écrits sur les maîtres se font remarquer par un stylé parfois inégal, mais souvent expressif et plein de couleur.

Les *Débats* lui ouvrent bientôt leurs colonnes.

Berlioz, comme critique, a dû se faire beaucoup d'ennemis. Il manque de mesure. Victime des préjugés, de l'envie et de la mauvaise foi, il lui échappe des phrases acrimonieuses et des plaisanteries que le bon goût n'accepte pas.

Ayant, un jour, entendu trois cantiques de Rossini, la *Foi*, l'*Espérance*, et la *Charité*, notre rédacteur prend la plume et se livre à ce jeu de mots intolérable :

« Son espérance a déçu la nôtre ; sa foi ne transporte pas les montagnes, et quant à la charité qu'il nous a faite, elle ne le ruinera pas. »

Il fut plus spirituel, sinon moins méchant, dans une autre circonstance.

Panseron s'était avisé d'ouvrir un cabinet de consultations mélodiques et harmoniques. Dans un prospectus burlesque, répandu à très-grand nombre d'exemplaires à Paris et en province, il invitait les amateurs des deux sexes qui cultivent l'art de la romance à passer chez lui, munis de *cent francs*, pour y faire redresser leurs mélodies boiteuses, raviver celles qui seraient affectées de chlorose, et obtenir de sa science le moyen de réconcilier l'accompagnement avec le chant, si le hasard voulait qu'ils fussent en désaccord.

Le critique musical des *Débats* insère

tout au long ce curieux prospectus, en ayant soin d'écrire en tête :

Cabinet de consultations pour les MÉLODIES secrètes.

Berlioz a eu des amis aussi empressés à lui être utiles que ses ennemis étaient persévérants à l'abattre. Ernest Legouvé, apprenant un jour que le compositeur allait être contraint, faute d'argent, à laisser inachevée la partition de *Benvenuto-Cellini*, destinée à l'Opéra, lui envoie sous enveloppe deux billets de mille francs, et le supplie d'achever son œuvre.

La partition prête, Berlioz la porte à Duponchel.

Aussitôt les coulisses sont en émoi. Tout le monde, aux répétitions, conjure contre la pièce, Habeneck et son orchestre, chan-

teurs et chanteuses, choristes et comparses.
Il n'est pas de polissonneries que tantôt l'un tantôt l'autre ne se permette.

Benvenuto Cellini, sifflé à outrance, disparaît de l'affiche à la troisième représentation.

Cet opéra contenait pourtant des beautés de premier ordre. On y remarquait une verve incontestable, une grande fraîcheur de style, beaucoup de passion, surtout une originalité puissante et soutenue.

Voilà peut-être ce qui perdit Berlioz.

Les disciples de la routine et du *statu quo* dans les arts ne virent là qu'une étrangeté condamnable.

On lui reprocha d'étouffer systématiquement la mélodie sous les effets harmoniques, et d'excéder les bornes, en s'efforçant de tout rendre, de tout décrire, de tout peindre, même les bruits de la nature.

Cette accusation n'était pas sérieuse.

Berlioz a loué plus d'une fois dans ses articles le *Barbier*, *Guillaume Tell*, et beaucoup d'opéras étrangers à sa manière. Jamais il n'a soutenu que son système fût la manifestation exclusive de l'art et que le compositeur dût tout imiter au moyen des sons.

Mais, par cela même que la musique n'a pas de bornes déterminées et de lois précises, tout ce qu'elle peut atteindre, elle peut se le permettre.

Aujourd'hui l'opéra de *Benvenuto* se joue très-souvent en Allemagne avec succès.

Comme l'Allemagne est la mère patrie de la musique, elle sait reconnaître ses vé-

ritables enfants, Berlioz a le droit de se
moquer de l'injustice parisienne.

Paganini, devenu très-intime avec Hector, ne se consolait pas de cette chute
odieuse. Il écrivit à un musicien de Gênes
que les Français venaient de commettre
un acte de vandalisme.

En même temps il envoyait à notre
compositeur la lettre suivante :

« Mon cher ami,

« Beethoven mort, il n'y avait que Berlioz qui pût le faire revivre ; et moi qui ai
goûté vos divines compositions, dignes
d'un génie tel que le vôtre, je crois de
mon devoir de vous prier de vouloir bien
accepter, comme un hommage de ma part,
vingt mille francs, qui vous seront remis

par M. le baron de Rothschild, sur la présentation de l'incluse.

« Croyez-moi toujours votre affectionné

« Nicolo Paganini. »

On sait que le célèbre violoniste a succombé à une affection du larynx.

Un mois avant sa mort, assistant à un nouveau concert de Berlioz, et ne pouvant plus lui exprimer son admiration par des paroles, il tombe à ses genoux en présence d'une foule de spectateurs et lui baise les mains.

Grâce aux vingt mille francs de Paganini, notre virtuose peut acquitter ses dettes et travailler pendant quatorze mois à sa grande composition de *Roméo et Juliette*; puis il consacre tout ce qui lui reste de la somme à la faire exécuter splendidement.

Jamais son amour enthousiaste de l'art n'a reculé devant aucun sacrifice.

En 1840, le jour de la translation des victimes de Juillet, ceux qui ont entendu la *symphonie funèbre et triomphale* tonner sur la place de la Bastille, avec toutes ses gammes de cuivre, ont une idée du génie musical de Berlioz. Accents de douleur, chants de triomphe, tout était rendu avec une puissance gigantesque.

Les amateurs furent conviés dans plusieurs grandes salles à l'audition de ce morceau sublime. Il excita de tels transports, que des jeunes gens se levèrent, les cheveux hérissés, et poussèrent des cris aigus.

De pareils effets scandalisent les personnes dont l'oreille, en musique, ne demande que du velours.

Un soir, Berlioz venait d'entendre un quatuor de Beethoven en compagnie d'Adolphe Adam. La dernière note du finale éteinte, il se tourne vers son confrère et lui dit :

— Que pensez-vous de cette musique ?

— Elle ne me plaît pas, répond Adam. Cela ne produit sur moi aucune sensation agréable. Cependant vous conviendrez que le rhythme musical a pour but, avant tout, de flatter l'oreille ?

— Moi, s'écria vivement Berlioz, je veux qu'il me donne la fièvre et me crispe les nerfs! Pensez-vous que j'entende de la musique pour mon plaisir?

Adolphe Adam s'en alla consterné.

Toutefois, ni l'un ni l'autre n'avait tort. Ils eurent beau persister à se condamner réciproquement, chacun d'eux n'en reste pas moins admirable dans son genre. La comédie joviale et gracieuse n'exclut pas le drame puissant et terrible. Parce que vous riez aux tirades de Molière, nous empêcherez-vous de frémir à celles de Corneille? En musique, ainsi qu'en littérature, l'un peut agiter la marotte et l'autre chausser le cothurne avec une égale dose de génie.

Malgré les intrigues d'Habeneck et de ses partisans, Berlioz réussit à donner à l'Opéra, sous le titre de *Festival*, un concert comme Paris n'en avait jamais entendu.

Six cents musiciens trônaient à l'orchestre.

Ce jour-là, rien ne put troubler son triomphe, si ce n'est la voix d'une femme, qui, du fond de sa loge, se mit à crier à l'assassinat.

C'était la voix de madame de Girardin.

Au milieu d'un morceau en *si bémol majeur*, Bergeron venait d'appliquer un soufflet superbe sur la joue d'Émile.

Le concert se termina sans autre accident.

Personne, comme chef d'orchestre, n'exerce sur les instrumentistes un plus grand ascendant que Berlioz; personne ne leur communique plus de feu, plus d'électricité. Sa baguette se change en un vrai bâton de connétable, avec lequel il dirigerait, au besoin, toute une armée de musiciens.

Après le concert, on est obligé souvent de l'emporter et de le mettre au lit. Ses vêtements sont aussi mouillés que s'il venait de prendre avec eux un bain dans la Seine.

En 1841, Berlioz part pour l'Allemagne, afin d'y populariser sa musique.

A Stuttgard et à Hechingen, il est admirablement accueilli. La cour de Weimar lui fait une ovation pompeuse. A Leipsick, il reconnaît un de ses anciens condisciples de l'Académie de Rome dans l'illustre Félix

Mendelssohn. Ils se réunissent pour donner un festival composé de leurs œuvres. On les rappelle sur la scène; ils s'embrassent et échangent leurs bâtons de mesure au bruit des applaudissements.

De Leipsick, Berlioz se rend à Dresde.

Un comte du saint-empire, transporté d'admiration après avoir entendu la *Damnation de Faust*, supplie le *concertmeister* de le présenter à notre compositeur.

Cette grâce lui est accordée.

Le comte et l'artiste, une fois en présence l'un de l'autre, se font de nombreux saluts, mais sans ouvrir la bouche, car l'auteur de la *Damnation de Faust* ne connaît pas un mot de la langue de Goethe, et pour ce qui est de celle de

Racine, l'Allemand n'en sait pas davantage.

Tout à coup celui-ci prend les mains de Berlioz et fond en larmes:

— A la bonne heure, dit le *concertmeister*, voilà qui est plus éloquent que toutes les langues du monde !

Berlioz fut très-surpris de trouver à Brunswick un orchestre supérieur à celui de la rue Lepelletier. Nombre de dilettanti arrivèrent, d'un rayon de soixante lieues, pour entendre *Roméo et Juliette*.

— Maître, dit un de ces derniers, pourquoi ne transportez-vous pas ce sujet à la scène ? Quel magnifique opéra nous aurions !

— C'est impossible, répond Berlioz. Où trouverais-je deux êtres capables de soutenir pendant cinq actes les personnages si poétiques de Juliette et de Roméo? D'ailleurs, le sujet m'exalte trop. Si je terminais cet opéra, je crois que je mourrais ensuite.

— Eh bien, mourez! s'écrie le fanatique amateur; mais faites-le!

L'exécution du concert de Brunswick fut quelque chose de prodigieux. Berlioz dut assister, le soir même, à un souper de cent cinquante couverts.

Il se rend à Hambourg, puis de Hambourg à Berlin.

Sa Majesté le roi de Prusse, qui chassait à Sans-Souci, arrive en toute hâte pour voir le célèbre compositeur et juger de sa puissance musicale.

Berlioz revient en France.

Il est appelé à Marseille, à Lyon, à Lille; puis il traverse de nouveau la frontière et gagne la capitale de l'Autriche, où l'empereur assiste à ses concerts et le comble de ducats.

Le prince de Metternich, ce vieux renard de la diplomatie, se montrait parfois très-naïf dans les questions d'art. Il tomba des nues lorsqu'on lui apprit que Berlioz composait de la musique pour des orchestres monstres, et dirigeait lui-même les exécutants.

— C'est vous, monsieur, lui-dit-il avec grâce, qui faites des morceaux pour cinq cents musiciens?

— Monseigneur, répondit Berlioz, cela ne m'arrive pas tous les jours. Le plus souvent j'en fais pour quatre cent cinquante.

A Vienne, à la fin d'une audition triomphale, un homme bouleverse toute l'assemblée pour arriver jusqu'à lui.

— Oh! je vous en conjure, dit ce personnage, souffrez que je presse la noble main qui a écrit *Roméo et Juliette!*

En même temps, il s'empare de la main gauche de l'artiste.

— Monsieur, dit Berlioz en riant, ce n'est pas avec celle-là.

L'étranger prend sans rancune la main droite du compositeur, la serre avec force et s'écrie :

— Ah ! vous êtes bien Français ! Il faut

que vous vous moquiez même de ceux qui vous aiment!

Nous écririons toute une épopée si nous voulions rendre compte des ovations nombreuses qui accompagnèrent notre héros dans les villes allemandes.

Hanovre, Pesth, Prague et Breslau [1],

---

[1] On l'obligea, dans cette dernière ville, à donner six concerts. Comme il conduisait une symphonie de Beethoven, il est surpris de ne pas entendre applaudir et en demande le motif. — « C'est par respect pour votre présence, » lui répond celui qu'il interroge. Précédemment, dans la capitale du royaume de Hanovre, se sentant tiré par derrière à l'orchestre, au moment où l'on exécutait la scène d'amour entre Roméo et Juliette, il se retourna et surprit deux violons qui baisaient, en pleurant, les pans de son habit. Cet adagio est considéré par Berlioz lui-même comme son chef-d'œuvre. Il a mis là toute son âme et tous les échos de sa passion profonde pour miss Henriette.

le saluèrent tour à tour de leurs applaudissements.

Dieu ne permet pas que les grands artistes soient découragés et succombent devant le dénigrement natal. Ils trouvent ailleurs ce que leur refuse une ingrate patrie.

Berlioz a publié des fragments de ses voyages, çà et là, dans différentes revues.

On y trouve de remarquables chapitres; mais on est choqué de l'aigreur avec laquelle il parle des hommes qui, chez nous, lui furent hostiles.

Ce n'est point à lui de se venger par l'emploi des gros mots.

Il ne sait manier ni la phrase ironique ni le ton plaisant. Ses articles abondent en digressions oiseuses, et l'on n'y trouve pas ce tact littéraire, ce discernement du goût qui consiste à proscrire les idées mauvaises et à ne conserver que les bonnes.

Du reste, Berlioz est l'auteur d'un *Traité d'instrumentation* qui le place à la tête de la science musicale.

N'ayant pu réunir jusqu'alors que cinq cents musiciens, il songe à doubler ce nombre et à commander un orchestre modèle, composé de tout ce que Paris peut avoir d'exécutants de premier ordre. Il réussit au delà de son désir, et donne, après l'exposition de 1844, dans la salle des machines, ce festival extraordinaire, où l'on put voir onze cents instrumentistes rangés autour du maître.

La foule se bat aux portes. En dix minutes la salle est comble.

Berlioz ressemble au vainqueur des Pyramides. Il jette à son héroïque phalange quelques mots exaltés, lève son bâton de mesure, et l'orchestre fait retentir son tonnerre.

Ce fut une belle et glorieuse journée. La recette dépassa trente mille francs; mais, désireux avant tout de satisfaire les artistes, et n'ayant pas voulu que des mesures économiques vinssent nuire à l'effet de l'exécution, Berlioz, tout le monde payé, n'eut qu'une somme de *huit cents francs* pour trois mois de courses, de sollicitations et de répétitions.

Notre héros, le lendemain de cette fête

musicale, tombait malade, et le docteur Amusat l'envoyait à Nice, en le menaçant d'une fièvre cérébrale s'il ne consacrait pas cinq ou six mois à un repos absolu.

Pour Berlioz, la musique n'est ni un divertissement ni un métier, c'est une passion qui le dévore.

En 1845, il donne au cirque des Champs-Élysées un festival pareil à celui de l'année précédente.

Mais ces concerts le ruinent au lieu de l'enrichir.

Il puise dans la bourse de ses amis pour satisfaire à ses obligations les plus pressantes, et se dirige du côté de Saint-Pétersbourg, où nos artistes ont depuis longtemps coutume d'aller chercher le Potose.

A son passage à Berlin, le roi de Prusse lui donne une lettre de recommandation pour sa sœur l'impératrice de toutes les Russies, et le musicien, au bout de la semaine suivante, la remet lui-même à son adresse, au palais des czars.

Trois concerts, à Pétersbourg, lui rapportent quarante mille francs de bénéfice net.

Celui de Moscou produit neuf mille francs.

Dans cette dernière ville, peu s'en faut que Berlioz n'obtienne pas du gouverneur l'autorisation d'organiser sa fête.

— Monsieur, lui dit ce haut fonctionnaire, nous vous prêterons la salle d'assemblée de la noblesse, à une condition toutefois.

Berlioz s'incline, et demande ce qu'on exige de lui.

— Vous vous ferez entendre, après le concert, dans le salon privé des nobles.

— Mais je ne joue d'aucun instrument, monseigneur.

— Quoi ! n'êtes-vous pas musicien ? Comment alors donnez-vous des concerts ?

— Avec les instruments des autres. Je dirige seulement l'exécution de mes œuvres.

— Par exemple ! voilà qui est trop fort !

— Je vous proteste...

— Laissez-moi, monsieur, laissez-moi ! Pour vous apprendre à vous moquer des gens, vous n'aurez pas la salle.

Il fallut qu'un Moscovite, un peu plus instruit et moins entêté, s'appliquât à faire comprendre au gouverneur la différence qui existe entre un musicien exécutant et un musicien compositeur.

Après le concert de Moscou, Berlioz retourne à Saint-Pétersbourg, où il est attendu pour donner au grand théâtre la symphonie de *Roméo et Juliette*.

Ce fut le plus éclatant triomphe de sa carrière artistique.

L'empereur, l'impératrice, les grands dignitaires de la cour, toute la noblesse, tout ce qu'il y a d'illustre et de distingué dans la capitale russe, assistent au festival. Quatre fois notre héros est rappelé ; quatre fois on l'oblige à rester dix minutes sur la scène pour recueillir l'admiration et les bravos de ce noble public.

A la fin du concert, brisé de fatigue et d'émotions, il tombe sur une chaise des coulisses et pleure à sanglots.

La recette était splendide.

En regagnant la France, Berlioz passe de nouveau par Berlin. Le roi et la reine le comblent d'égards, et Meyerbeer est chargé de lui porter la croix de l'*Aigle rouge*.

Il reçoit en outre de Sa Majesté Prussienne cette lettre amicale :

« Venez donc, mon cher Berlioz, dîner avec nous à Sans-Souci. Vous me donnerez des nouvelles de mon beau-frère et de ma sœur.

« Frédéric-Guillaume. »

De grands chagrins attendaient l'artiste à son retour en France. Il eut trois deuils à porter coup sur coup : celui de sa mère, celui de son père, et celui de l'une de ses sœurs.

La femme qu'il avait tant aimée ne le rendait pas heureux.

Presque tous les amours d'ici-bas finissent par des larmes et par des tortures. Henriette Smithson, possédée du démon de la jalousie, troubla la paix du ménage, et la communauté devint impossible.

Néanmoins tout rapport ne cessa pas entre les époux.

Madame Berlioz tomba dangereusement malade. Son mari lui prodigua, jusqu'au dernier jour [1]; les preuves de l'attachement le plus sincère et le plus dévoué.

Tous ces malheurs de famille, joints aux persécutions continuelles de ses ennemis, plongèrent Berlioz dans le découragement.

Il fut des années entières sans donner signe de vie artistique.

L'injuste cabale acharnée contre sa gloire, le poursuivit jusqu'à Londres, où il essayait d'organiser quelques concerts.

Néanmoins la symphonie de l'*Enfance du Christ* parut inopinément lui rallier la presse. On daigna reconnaître sa verve et sa puissance; mais on eut soin d'ajouter qu'il avait changé de manière.

[1] Attaquée d'une paralysie générale, elle mourut en 1854.

Ceci est une des plus grandes sottises au bas desquelles nos judicieux Aristarques aient jamais apposé leur signature.

Dans cette composition, Berlioz imprime à sa musique un cachet tout autre, parce que son sujet n'est plus le même. Fallait-il écrire l'*Enfance du Christ* comme *Roméo et Juliette*, ou comme la messe de *Requiem*? L'artiste a changé d'expression, rien de plus. En changeant d'expression, il a changé de moyens; mais il n'a pas changé de manière.

On connaît l'excellent tour joué par Berlioz à ses détracteurs, et l'adresse avec laquelle il sut les confondre, avant l'exécution définitive de sa dernière symphonie.

Sous le nom de M. Pierre Ducré, célèbre artiste encore à naître; il donna le fragment de l'*Enfance du Christ* qui a pour titre le *Chœur des Bergers*.

Et les Aristarques d'applaudir à tout rompre.

— Bravo! bravissimo! criaient-ils. Voilà de la vraie musique. Allez dire à Berlioz d'en faire autant!

— Messieurs, elle est de moi! dit notre compositeur, paraissant tout à coup dans le cercle où l'on portait aux nues M. Pierre Ducré.

La tête de Méduse, de mythologique mémoire, n'eut jamais un effet plus terrifiant.

« Oh! la prévention! » disait Figaro.

De nos jours, ainsi qu'au temps d'Almaviva, les hommes les plus distingués se laissent prendre au piége. M. Ingres, sans chercher plus loin, est l'homme prévenu par excellence, en musique comme en peinture.

On sait qu'il déteste Eugène Delacroix.

Un jour, quelqu'un lui dit que Berlioz faisait de la musique absolument analogue à la peinture de l'auteur du *Massacre de Scio* et de *Boissy d'Anglas*. Cela devint une raison pour qu'il prît en haine le musicien novateur.

Il refusait obstinément d'entendre un seul de ses morceaux.

Nous ne savons plus à quelle séance musicale M. Ingres, frappé de la magnificence d'une ouverture, et n'ayant pas en main le programme, dit à son voisin :

— C'est bizarre ! je connais tout Weber, tout Beethoven ; il n'y a que ces grands génies capables d'avoir fait une telle musique, et cependant elle n'est point d'eux. De qui donc est-elle?

— Monsieur, lui répond son interlocuteur, c'est l'ouverture du *Carnaval romain*, de Berlioz.

— Eh ! morbleu ! que ne le disiez-vous plus tôt ? s'écrie notre homme. Vous me laissez louer un musicien que j'exècre. On ne se moque pas ainsi des honnêtes gens... C'est une trahison !

Le rédacteur d'une feuille lyrique tomba

dans un panneau semblable, et d'une façon plus humiliante encore.

C'était à une soirée chez un de nos princes de la finance.

On passait en revue les compositeurs célèbres. Le feuilletoniste, entendant prononcer le nom de Berlioz, fulmine aussitôt toutes ses colères. Il le traite d'extravagant, de fou, et presque de scélérat.

— Attendez, monsieur, dit une jeune fille railleuse, je vais vous faire entendre de la véritable musique. C'est une romance de Schubert.

Elle s'assied au piano. Le rédacteur écoute et se pâme d'admiration.

— Voilà de la mélodie! s'écrie-t-il, à la bonne heure! Et quelle phrase! quelle clarté! quel sentiment! Je vous demande un peu si votre Berlioz ferait jamais cela?

— Monsieur, dit la jeune fille, au milieu d'une ironique révérence, vous venez d'applaudir la romance de *Benvenuto Cellini*, dans l'opéra de ce nom.

Toutes ces injustices ont fait jusqu'à ce jour le désespoir de notre compositeur. Elles sont cause que, malgré la force et la hardiesse de son talent, jamais il n'a pu atteindre la fortune, que beaucoup d'autres artistes de moindre taille ont fixée près d'eux.

L'heure de la réparation semble néanmoins arrivée pour lui.

Tout récemment[1] la section académique

[1] Le 21 juin dernier.

des Beaux-Arts lui a donné la préférence sur deux autres candidats, Gounod et Félicien David.

Gounod, avec ses chœurs d'*Ulysse*, et trois ou quatre morceaux impérialistes, exécutés au baptême ou ailleurs, n'avait que des chances médiocres.

Les titres de Félicien David étaient plus sérieux.

Comme Berlioz, il a de cruels adversaires ; mais il n'a pas comme lui le courage de la lutte.

S'il persiste à s'endormir dans sa gloire contestée, s'il garde en portefeuille ses chefs-d'œuvre et se borne à fumer la cigarette, au bruit des félicitations de trois imbéciles qui l'appellent maestro, ni le fauteuil académique ni l'orchestre de l'Opéra ne viendront à lui.

Berlioz est jeune encore. Il a conservé tout son talent, tout son courage, et pour lui la fortune cessera quelque jour de se montrer cruelle.

Quant à la gloire, elle lui est désormais acquise, quoi qu'on fasse, et en dépit de quiconque soutiendrait le contraire.

Nous trouvons ce portrait de lui dans une notice qui a précédé la nôtre :

« Les traits de son visage sont régulièrement beaux : il a le nez aquilin, la bouche fine et spirituelle, le menton saillant, les yeux légèrement enfoncés dans leur orbite, tantôt pleins de flamme et d'éclat, tantôt couverts d'un voile de mélancolie et de langueur. Une chevelure ondoyante ombrage son front, déjà sillonné de rides, et sur lequel se peignent les passions orageuses qui ont tourmenté son âme depuis l'enfance. Sa conversation est inégale, brusque, emportée, quelquefois expansive, plus souvent retenue et roide, toujours digne et loyale. Selon le tour qu'elle a pris, elle fait naître dans celui qui écoute une vive curiosité, ou un sentiment d'intérêt et de sympathique condescendance. »

Depuis vingt-cinq ans l'école classique persécute Berlioz, parce que l'école classique représente, dans les arts comme en littérature, l'esprit obstiné de la routine.

Complice du genre humain, qui se décide à suivre le progrès, mais avec la lenteur d'une tortue, elle bafoue, honnit et repousse tout ce qui s'écarte du sentier banal.

Or, dans le domaine de la musique, la haine du nouveau prend des proportions plus grandes que partout ailleurs.

Effectivement, en littérature, dans les sciences, dans les arts plastiques, ou en philosophie, cette haine s'attaque à des idées, à des faits, à des images ou à des formes, les uns parfaitement sensibles, les autres susceptibles de tomber au moins sous les lois du raisonnement.

Le plus vague et le plus idéal des beaux-arts, la musique, affaire de sentiment ou d'organisation plus ou moins impressionnable, échappe à une analyse précise.

Et voilà, — comme l'explique Berlioz

lui-même, — pourquoi tous ceux qui suivent le petit sentier où trottinent les faiseurs d'opéras-comiques doivent s'épouvanter d'une science musicale dont les formes hardies obligent leur imagination à sortir de sa sphère.

Ils ne supportent pas la fatigue que ce dérangement leur occasionne; ils ne veulent pas admettre leur impuissance évidente à comprendre ce qui dépasse leur portée.

De cette disposition à la haine pour l'artiste et au dénigrement de son œuvre il n'y a pas même un pas.

Le héros de ce petit livre compose des mélodies d'une largeur inusitée : tous ceux qui sont incapables de suivre son fil-

mélodique nient mordicus qu'il ait jamais fait une mélodie.

Cette persécution absurde d'une lâche et trop nombreuse médiocrité s'attaqua, dans tous les siècles, aux véritables artistes.

Sous Louis XVI, les partisans de Piccini logeaient ironiquement Gluck rue du Grand *Hurleur*.

En revanche, les Gluckistes logeaient Piccini rue des Petits *Chants*.

Lorsque Rameau fit *Castor et Pollux*, l'air de Pollux, qui contenait une rentrée sur une modulation nouvelle, fut signalé comme produisant une horrible cacophonie. De nos jours cet effet paraît si simple, qu'on ne peut plus comprendre où l'on vit une difficulté ou une faute.

Mozart, le Corrége de la musique, a passé pour un énergumène jusqu'au moment où Rossini passa pour un tapageur infernal.

Weber fut traité de sauvage.

Beethoven était regardé comme un fou.

Notre héros n'a pas lieu de crier à l'injustice plus que ces grands génies qui ne sont plus.

A l'heure où nous écrivons ces lignes, vous trouverez des personnages qui regardent Victor Hugo comme un insensé (toute politique à part), et qui affirment que jamais il ne fut véritablement poëte.

Berlioz se rattache à la tradition des grands musiciens que nous venons de nommer.

Il a de leur âme, de leur hardiesse, de leur facture énergique. Sa veine est moins large peut-être, mais ses élans sont pleins de fougue, et son inspiration est d'une remarquable pureté.

L'horreur du trivial le recommandera toujours aux esprits d'élite.

Son génie procède de l'école allemande. A côté d'une vigueur parfois désordonnée, sombre et farouche, il montre une sensibilité merveilleuse. Enfin, n'eût-il pour lui que d'être, en France, un musicien d'un genre unique, et resté tel, sa situation serait digne des plus grands respects, des plus vives sympathies.

Pour notre part, nous lui accordons une admiration sincère.

Nous sommes heureux d'avoir pu défendre contre les méchants, les sots et les jaloux, un honnête homme et un grand artiste.

FIN.

Les théâtres, en général, doivent les mauvais lieux de la musique, et la chute même qu'on y brave ne peut y entrer qu'en frémissant.

Hector Berlioz

www.ingramcontent.com/pod-product-compliance
Lightning Source LLC
LaVergne TN
LVHW050632090426
835512LV00007B/811